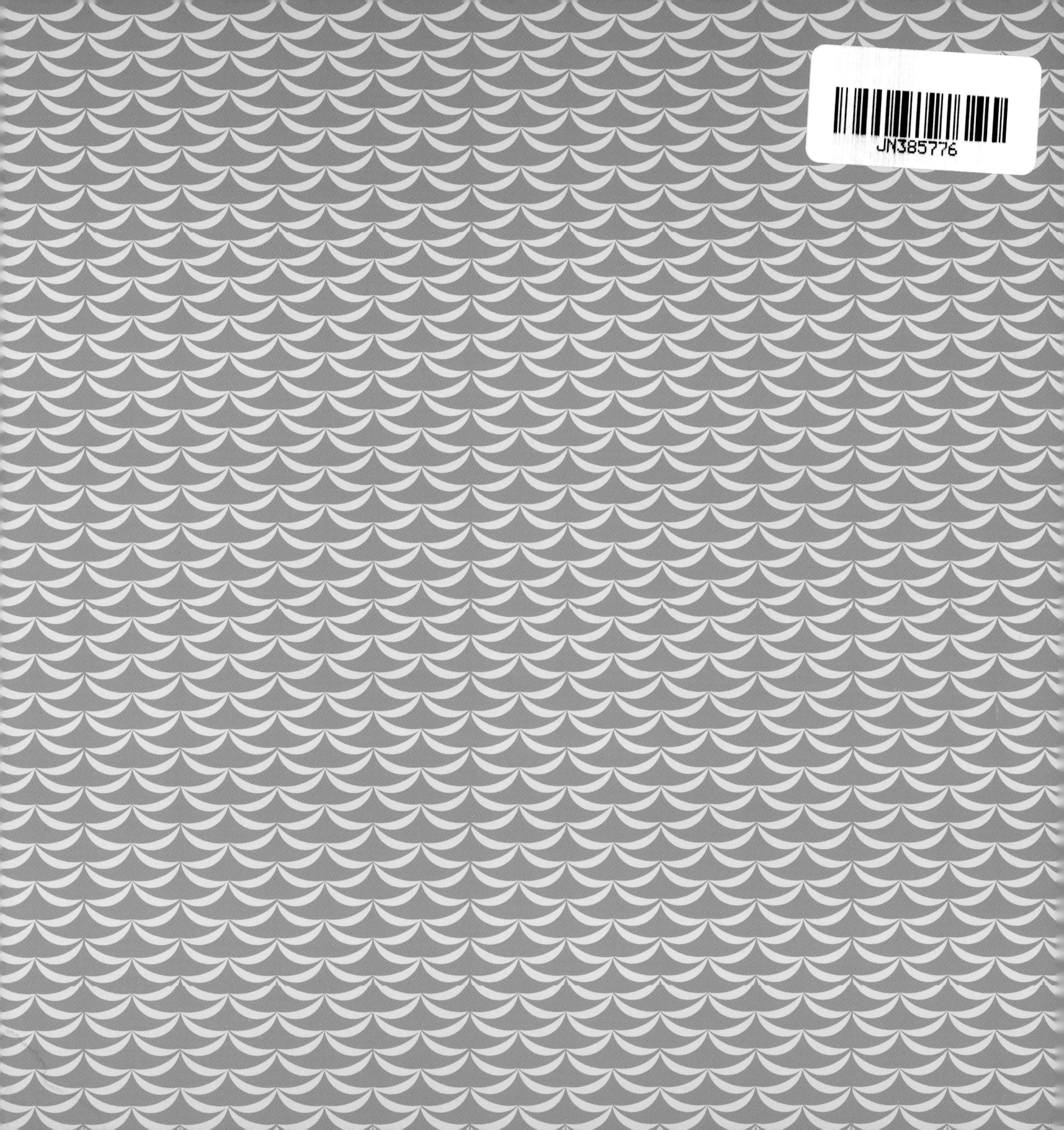

현지어와 함께 떠나는 어린이여행인문학 ❷❺ 몰디브

몰디브에서 태양을 보다

이동미 **지음** | 이주미 **그림** | 최지원 **영문 옮김**
초판 인쇄일 2021년 5월 15일 | **초판 발행일** 2021년 5월 29일
펴낸이 조기룡 | **펴낸곳** 내인생의책 | **등록번호** 제10호-2315호
주소 서울특별시 서초구 강남대로373 홍우빌딩 16층 114호
전화 02)335-0449, 335-0445(편집) | **팩스** 02)6499-1165
전자 우편 bookinmylife@naver.com | **홈페이지** http://bookinmylife.com

ISBN 979-11-5723-643-5(77810)
　　　979-11-5723-396-0(세트)

* 책값은 뒤표지에 있습니다.
* 잘못된 책은 구입처에서 바꾸어 드립니다.

내인생의책에서는 참신한 발상, 따뜻한 시선을 가진 원고를 기다리고 있습니다.
원고는 나무의 목숨값에 해당하는 가치를 지녔으면 합니다.
원고는 내인생의책 전자 우편이나 홈페이지를 이용해 보내 주세요.

어린이제품 안전 특별법에 의한 제품 표시
제조자명 내인생의책 | **제조 연월** 2021년 5월 | **제조국** 대한민국 | **사용연령** 5세 이상
주소 및 연락처 서울특별시 서초구 강남대로373 홍우빌딩 16층 114호

I See the Sun in Maldives

몰디브에서
태양을 보다

이동미 지음 | **이주미** 그림 | **최지원** 영문 옮김

이동미 지음

강원도 영월군 무릉도원면에서 태어나 넓은 세상에 대한 호기심을 가지고 자랐습니다. 여행 잡지 《World Travel》에서 여행 기자로 일하며 전 세계를 돌아보고 글을 썼습니다. 그 후 프리랜서 여행작가로 활동하며, 문화콘텐츠학을 공부해 박사 학위를 받았습니다. 지금은 건국대학교에서 겸임교수로 재직하며 여행, 영화, 인문학 등을 연구·강의하고 있습니다. '2011 한국 관광의 별(Korea Tourism Awards) 문화체육관광부 장관상을 받았고, 우수 추천 도서로 선정된 《여행작가 엄마와 떠나는 공부 여행》을 비롯해 《교과서 속 인물 여행》《해파랑길을 걸어요》《어린이 농부, 해쌀이》 등 많은 책을 집필했습니다.

이주미 그림

하찮지만 소중하고 작은 것들에 관심이 많은 일러스트레이터이자 그림책 작가로 다양한 창작 활동을 하고 있습니다. 2013년 나미 콩쿠르, 2014년 앤서니 브라운 그림책 공모전, 2015년 한국 안데르센 상 출판 미술 부문에서 수상했습니다. 《톤레사프호에서 태양을 보다》를 그리면서 이 세상에는 다채로운 삶의 모습만큼이나 다양한 행복이 존재한다는 사실을 마음 깊이 새겼습니다. 《네가 크면 말이야》《숲》을 쓰고 그렸고, 《미스 테리 가게》《엄마! 엄마! 엄마!》《바나나 가족》《북극곰이 녹아요》 등을 그렸습니다.

최지원 옮김

연세대학교 신문방송학과를 졸업하고 미국 에머슨 대학(Emerson College)에서 미디어 아트를 전공했습니다. 현재 번역에이전시 엔터스코리아에서 번역가로 활동하고 있습니다. 옮긴 책으로는 《다르게 태어난》《지구 애들은 이상해: The X files》《E.T.》《해리 포터 지팡이 컬렉션》《해리 포터 무비 스크랩북: 주문과 마법》《마블 스파이더맨 백과사전》《로키: 장난의 신》《Marvel 가디언즈 오브 더 갤럭시 얼티밋 가이드》 등 다수가 있습니다.

Written by Dong-mi Lee

Growing up in the vast nature of Gangwon Province(South Korea), she had always dreamt of exploring the wider world. She began work as a writer at <World Travel> magazine and became a freelance travel writer after marriage. As receiving Ph. D in cultural contents at Konkuk University, she came to do research and hold lectures on humanities. In 2011, she won the Korea Tourism Awards by Korean Ministry of Culture, Sports, and Tourism. She has written many children's books, including 《Field Study with Travel Writer Mom》《Finding People from History Books》《Walking along the Haeparang Trail》《Haessal, the Farm Kid》.

Illustrated by Ju-mi Lee

As an illustrator and author who is interested in trivial but meaningful things, she has created a variety of works. She won the prize at the Nami Concours in 2013 and Anthony Browne Picture Book Contest in 2014. A year after that, she also awarded the Best Book Illustration prize at Korean Andersen Awards. Drawing for a family living on lake Tonle Sap, she realized that there are many different kinds lives and happiness in this world. She wrote children's books such as 《When You Grow Up》《Forest》 and illustrated 《Miss Terry's Vintage Shop》《Mom! Mom! Mom》《Banana Family》 and 《Polar Bear is Melting》.

Translated by Jeewon Choi

She studied Mass Communications at Yonsei University and moved to the US, where she graduated from Emerson College with a master's degree in Media Arts. After coming back to South Korea, she has published translation of English books in association with the translation agency, Enters Korea. Her works include 《Born Bad(다르게 태어난)》《The X-Files: Earth Children Are Weird(지구 애들은 이상해: The X files)》《E.T. the Extra-Terrestrial(E.T.)》《Harry Potter: The Wand Collection(해리 포터 지팡이 컬렉션)》《Harry Potter: Spells & Charms(해리 포터 무비 스크랩북: 주문과 마법)》《Spider-Man: Inside the World of Your Friendly Neighborhood Hero(마블 스파이더맨 백과사전)》《Loki: Where Mischief Lies(로키: 장난의 신)》《Marvel Guardians of the Galaxy: The Ultimate Guide to the Cosmic Outlaws(Marvel 가디언즈 오브 더 갤럭시 얼티밋 가이드)》.

몰디브가 다시 세계의 청정지역으로
돌아갈 수 있기를 기원합니다.

We hope the land and water of the Maldives
restore its clean nature.

눈이 부셔서 잠이 깼어요.
창가에 붙어 있던 꼬리 긴 도마뱀이 후다닥 달아나요.
알리가 밖으로 나오니
하늘은 끝없이 파랗고 바다도 끝없이 파래요.

Ali opens his eyes in bright sunlight.
A long-tailed lizard crawling along the windowsill hurries away.
When Ali walks out the door,
endlessly blue sky and sea unfold before his eyes.

바다에 가서 놀고 싶은데 엄마가 아침을 먹으래요.
식탁에 코코넛 밥과 ***가르디야**, ***히키마스**가 있어요.
코코넛 조각과 라임, ***샬롯**, 고추도 있어요.
알리가 밥에 가르디야 한 숟가락을 섞어 먹으니
엄마가 밥 위에 라임을 짜 주어요.

Ali wants to hang out in the beach, but mom calls him in for breakfast.
On the dining table, there's a bowl of coconut rice paired
with *Garudhiya and *Hiki Mas.
Coconut shreds, lime slices,
*shallots and red peppers are also prepared on the side.
As Ali takes a spoonful of Garudhiya and blends it with his rice,
mom squeezes a bit of lime juice on it.

선창에 앉아 발로 물장난을 하다 보니 '사리'가 왔어요.
'사리'는 알리의 친구인데 바다거북이에요.
알리는 사리와 바다 속으로 들어갔어요.
엄청나게 큰 만타가오리가 머리 위를 지나고
산호초는 바다 물결 따라 이리저리 몸을 흔들어요.
사리와 함께라면 알리는 심심하지 않아요.

While Ali is sitting on the pier, flipping his feet in the water,
a sea turtle named Sari comes near him.
Ali and Sari are good friends.
Together they plunge into the water.
A large stingray swims past above them
and colorful corals sway as the water flows.
As long as Sari is beside him, there's no time to be bored.

엄마가 큰 엘로핀튜나(황다랑어)를 손질해요.
물이 펄펄 끓으면 참치를 넣고 소금을 뿌린 다음 거품을 걷어내요.
집 안에 맛있는 냄새가 가득해요.
뽀얀 물의 맛난 '가르디야'가 돼가고 있어요.

Mom cuts a yellowfin tuna into smaller pieces.
Once the water reaches a rolling boil, she puts the tuna
in the pot, adds a pinch of salt, and skims off the froth.
Savory aroma wafts through the entire house.
A rich soup of Garudhiya is simmering in the pot.

아빠는 '히키마스' 담당이에요.
참치가 삶아지면 건져서 철망에 올려요.
그리고는 철망 밑에서 코코넛 껍데기를 태워요.

Hiki Mas is in dad's hand.
He picks up some boiled tunas,
places them on the grill,
and burns coconut shells from
underneath to smoke the fish.

한쪽에서 삼촌은 야자수 잎을 엮고 있어요.
지붕으로 쓸 ***카잔**을 만드는 거예요.
벌써 여러 개 만들어 벽에 세워놓았어요.
삼촌은 알리에게 야자수 잎을 정리하래요. 그래야 참치잡이에 데려간대요.

In the corner, Ali's uncle is weaving strands of palm leaves.
It is to build a thatched roof called *Kazan.
There are already a few woven bundles leaning against the wall.
Uncle orders Ali to clear off the debris.
Otherwise, he will not bring him out to go tuna fishing.

알리! 알리! 삼촌이 불러요.

벌써 떠날 준비를 마쳤어요.

우리는 ***도니**를 타고 바다로 한참을 나갔어요.

잠시 후, 삼촌이 긴 대나무 낚싯대를 휙~ 채어 올리니 거대한 참치가 붕~ 떠서 하늘을 날아요.

앗, 꼬르륵~ 소리가 나고 배가 고파요.

아빠가 갑판 위에서 코코넛 밥에 삶은 참치를 넣어요.

카레 잎 다진 것과 빨간 양파, 라임, 칠리 파우더를 넣고 조물조물 무쳐요.

삶은 참치가 잘게 부서지면서 보풀처럼 변해요.

알리가 가장 좋아하는 ***마스후니**예요.

"Ali! Ali!" Uncle calls him.
They are all ready to set off.
Boarding on a *dhoni, Dad, uncle, and Ali sail out to a faraway sea.
After a while, as uncle flicks up his long bamboo pole,
a giant tuna dangling on the line leaps up sky-high.
Oh, Ali's stomach gives a grumble.
On the deck, dad boils a chunk of tuna and adds it on the coconut rice.
With a handful of minced curry leaves, red onion, lime slices
and chili powder put into the bowl, he mixes them all thoroughly.
Tuna is crushed into light and fluffy flakes.
This is Ali's favorite dish, *Mas Huni.

뭔가가 바다 위를 둥둥 떠다녀요.
아빠는 틸라푸쉬(Thilafushi) 섬에서 플라스틱병이 떠내려온 것 같대요.
거기엔 쓰레기가 아주 많대요. 전보다 틸라푸쉬 섬이 커졌대요.
말도 안 돼요.
어떻게 섬이 커질 수 있어요?

Hold on, there's something floating on the sea.
Dad says it must be a plastic bottle drifted from Thilafushi island.
A lot of garbage is piled up there. And the island is getting bigger and bigger.
I can't believe it.
How can an island grow in size?

아빠와 삼촌이 뱃머리를 돌려요.
이제 참치를 팔러 말레 섬으로 갈 거래요.

Dad and uncle veer the boat.
We are now heading to Male island
to sell the tuna we caught today.

말레는 몰디브의 수도 섬이에요.
사람들이 많고 뻔쩍뻔쩍 빛나는 황금색 **모스크**도 있어요.
아빠가 참치를 파는 동안 삼촌이 수산시장을 구경시켜 줬어요.
수염 난 아저씨는 손가락에 참치를 여덟 마리나 끼워서 들고 가고,
팔뚝이 굵은 아저씨는 마술사처럼 커다란 참치를 순식간에 해체해요.

Male is the capital island of Maldives.
In this bustling city, you can even find a *mosque with a shining golden dome.
While dad is selling tuna, uncle shows Ali around the fish market.
A bearded man passes by, carrying eight tunas on his fingers,
and a fishmonger with thick arm breaks down a giant tuna in a flash like a magician.

말레 선창에서 아빠를 기다려요.
선창에는 배가 많아요.
도니도 있고 유람선도 있고 프로펠러 달린 수상 비행기도 있어요.
외국인도 있고 여자들도 보여요.
모두 리조트로 가는 관광객이래요.
말레 섬에는 몰디브 사람보다 외국 사람이 더 많은 것 같아요.

Ali and uncle wait for dad at the pier.
Various boats are tied up to the dock.
There are dhonies, ferries, and even seaplanes with propellers.
A few groups of foreigners pass by. Some of them are women.
They are all tourists heading to luxury resorts.
In Male, there seem to be more foreigners than local people.

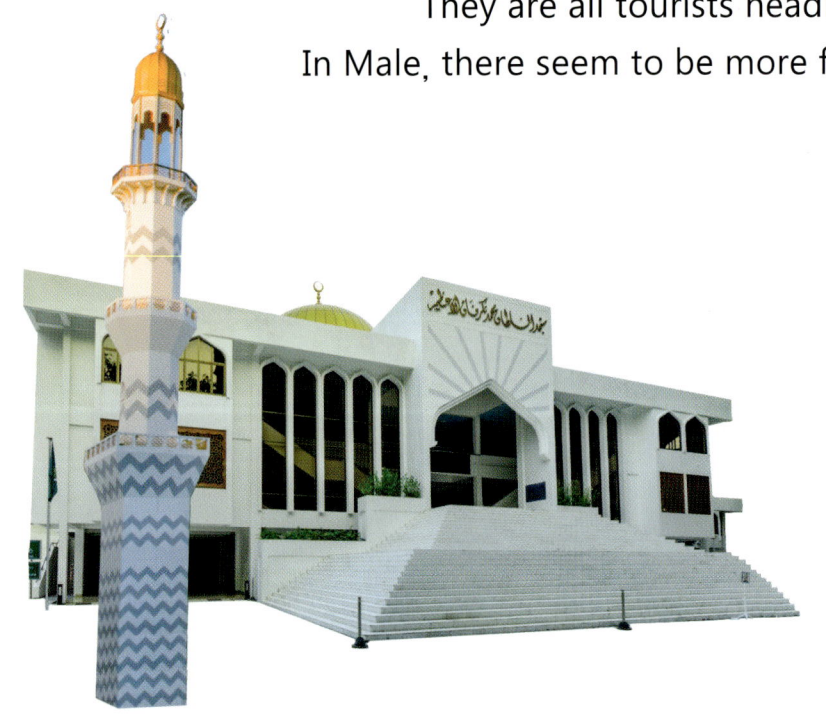

온 가족이 저녁을 먹으며 TV 뉴스를 봐요.
대통령과 장관이 수중 내각 회의를 했대요.
스킨 스쿠버 옷을 입고 바다 속에서 손으로 신호를 하고 서류에 사인해요.
지구 온난화가 계속되면 바닷물 높이가 올라가게 되고
몰디브는 물에 잠겨 저렇게 회의해야 한대요.
우리는 살 곳이 없어져 ***기후난민**이 된다고 해요.
"아빠, 그럼 우린 어디서 살아요?"
엄마 아빠 얼굴이 어두워졌어요.

During the dinner, Ali watches TV news with his parents.
They say Maldivian president and ministers held an underwater cabinet meeting.
Donning scuba diving suits, they communicate with hand signals
and sign the document under the sea.
If global warming continues and the ocean levels keep rising,
the islands of Maldives would be completely submerged.
Once that happens, they will lose their home and become *climate refugees.
"Dad, where should we go then?"
This question casts gloom over his parents' faces.

커지는 섬 틸라푸쉬가 자꾸 생각나서 새벽에야 겨우 잠이 들었어요.
그런데 축축한 느낌이 들어 눈을 떠보니 물이 점점 차올라 집이 잠기고 있었어요.
죽을힘을 다해 겨우겨우 빠져나왔어요.
그랬는데 틸라푸쉬 섬에 있던 페트병이 서로 엉겨 붙더니
점점 커져서 집채만 한 괴물이 되어 알리를 쫓아와요.
"엄마~ 아빠~ 어디 계세요~ 살려주세요~~"

Ali couldn't sleep until late, failing to shake off the image of Thilafushi,
the growing island.
Later, when he wakes up, startled from feeling damp,
his house is sinking in the water.
Ali manages to escape from the building.
But then, the plastic bottles on Thilafushi island merge into one big monster
and chase after him.
"Mon! Dad! Where are you? Help me out!"

꿈 때문에 기분이 우울해요.
빵조각을 들고 선창으로 갔어요.
'사리'랑 한바탕 바다 속을 돌아다니면 기분이 좋아지거든요.
그런데 오늘따라 사리가 나타나질 않아요.
한참을 기다리다 그냥 돌아왔어요.

Ali is depressed after the unpleasant dream.
He goes out to the pier with a piece of bread.
Swimming around the ocean with Sari will make him feel better.
However, somehow, Sari doesn't appear.
After waiting for a while, Ali has to come back home alone.

아빠와 엄마가 심각한 이야기를 해요.
새 리조트가 생겼대요.
방마다 에어컨이 있고 풀장도 여러 개 있다 해요.
몰디브는 빨리빨리 돈을 벌어 땅을 구해야 한대요.
하지만 알리는 이해가 안 돼요.
리조트를 자꾸 짓고 관광객이 많아지면
쓰레기가 많아지고 탄소 배출은 더 많아질 텐데요.
TV에서는 몰디브가 잠기지 않으려면 탄소 배출량을 줄여야 한다고 했거든요.
그나저나 사리는 오늘도 보이지 않아요.

Mom and dad are having a serious conversation.
A new resort is opening soon.
It is fully equipped with individual air conditioning system
and different sizes of swimming pools.
People say they must earn money as soon as possible to save their land.
But Ali doesn't understand.
The more they build resorts and attract tourists,
the more they will be suffering from garbage and carbon emission.
Television news said that in order for Maldives not to be submerged,
they have to reduce carbon emission.
By the way, still, there is no sign of Sari.

드디어! 사리가 나타났어요.
그런데 좀 이상해요.
입에는 커다란 비닐이 잔뜩 물려있어요. 해파리인 줄 알고 비닐을 먹었나 봐요.
비닐 때문에 사리가 제대로 숨을 쉬지 못해요.
어떡하면 좋죠?

At last, Sari shows up at the pier.
But something's wrong with her.
Her mouth is chock full of plastic bags.
She must have mistaken the plastic for jellyfish.
Stuck in the plastic, she can't even breathe well.
What should I do?

아빠와 삼촌이 비닐을 잡아당겼는데 빠지지 않고 찢어져 버렸어요.
숨쉬기 힘든지 사리의 눈에서 눈물이 흘러요.
자세히 보니 목에 이상한 플라스틱 물통이 끼워져 빠지지 않아요.
알리를 바라보는 사리의 눈에 점점 힘이 없어져요.
"사리야! 눈 좀 떠봐. 제발! 제발!"
이대로 사리가 죽으면 어떡하죠?
아빠랑 삼촌은 아무 말을 안 해요.
……
……
……

Dad and uncle try to pull the plastic out, but it just gets ripped off.
Gasping for breath, Sari sheds tears of agony.
Looking closer, there's also a plastic bottle stuffed in his throat.
Her eyes gazing at Ali are rolled back.
"Sari! Open your eyes. Please!"
She's not dying like this, right?
Dad and uncle say nothing.
……
……
……

하늘은 끝없이 파랗고 바다도 끝없이 파래요.
힘차게 다이빙을 하며 알리는 바다 속으로 들어갔어요.
산호초 사이에 비닐과 페트병이 보이네요.
조심스레 집어서 옆구리에 차고 온 가방에 넣었어요.
또 비닐이 보여요.
저기 모래 사이에도요.

The sky is endlessly blue, and the sea is too.
Ali jumps into the ocean with strong kicks.
Between the corals, he finds some plastic bags and bottles.
He picks them up carefully
and puts them in the basket carrying at his side.
There are more trashes over the reefs.
Buried in the sand, too!

GLOSSARY

atoll: a ring-shaped island made of coral reef. Since its round shape blocks off the waves, the inner sea is calm and shallow as a lake. Naturally, small and low-lying islands tend to be nestled inside.

chapati: a type of Indian flat bread. You can tear it with your hands and dip it in a sauce or use it to wrap up the side dishes.

climate refugee: people who have lost their home as a result of climate change, such as global warming and sea level rise. People in Tuvalu and Maldives are in danger of being climate refugees as their islands are sinking slowly.

dhoni: traditional fishing boat that is used in Maldives. The bow of Dhoni is unique in shape with its forward point curving up high above. It is still used as a means of transportation.

Garudhiya: fish stock that comes out of boiling tuna. Maldivians drink it as a soup or make a porridge out of it, adding cooked rice.

Hiki Mas: Maldivian tuna jerky smoked with coconut husk. It can be enjoyed as a side dish or as a snack.

kazan: traditional Maldivian thatched roof. It is made by placing the palm leaves in a row and weaving them together.

Mas Huni: 'mas' means fish and 'huni' means coconut powder. Once you add boiled tuna and mix it with coconut rice, the fish becomes soft and light as a fluff.

mosque: a place of worship for Muslims. Hukuru Miskiy, a coral stone building with a splendid golden dome, is the oldest mosque in Male island. It is also called Friday Mosque.

shallot: a type of onion that looks like an onion in a quarter size. It has a sweetness of onion with a hint of garlic's pungency.

낱말 풀이

가르디야 : 참치를 삶으면 나오는 육수를 가르디야라고 해요. 몰디브 사람들은 가르디야를 수프처럼 그냥 먹기도 하고 밥을 말아 먹기도 해요.

히키마스 : 참치를 코코넛 연기에 훈제한 몰디브식 육포예요. 반찬으로 또는 간식으로 먹어요.

샬롯 : 샬롯은 양파의 한 종류예요. 양파와 모양이 비슷하고 크기는 1/4 정도인데 양파의 단맛과 마늘의 알싸한 맛이 같이 나요.

도니(Dhoni) : 몰디브 사람들이 물고기를 잡기 위해 사용하던 전통 배예요. 배의 앞머리가 활처럼 길게 위로 치켜 올라간 모양이 독특해요. 지금도 교통수단으로 이용하고 있어요.

카잔 : 몰디브의 전통 지붕이에요. 야자수 잎을 길게 늘어놓은 후 엮어서 만들어요. 우리나라의 초가지붕과 비슷해요.

아톨(Atoll) : 산호로 된 환초를 말해요. 반지처럼 둥글게 형성된 아톨은 파도를 막아주어 안쪽 바다가 호수처럼 잔잔하고 얕아요. 때문에 아톨 안쪽으로 자그마하고 고도가 낮은 섬들이 자리하게 되지요.

마스후니 : 마스(Mas)는 생선이고 후니(Huni)는 코코넛 파우더라는 뜻이에요. 코코넛 밥에 삶은 참치를 넣고 주무르면 보풀처럼 부드럽고 고운 상태가 돼요. 여기에 소금 후추 등 양념을 추가해 먹어요.

짜파티(Chpati) : 화덕에 구워 만드는 인도식 빵이에요. 식사할 때 손으로 찢어 소스를 찍어 먹거나 음식을 싸 먹어요.

기후난민 : 지구 온난화와 해수면 상승 등 기후가 변하면서 삶의 터전을 잃고 떠나야 하는 사람들을 의미해요. 투발루와 몰디브 등의 섬나라가 서서히 물에 잠겨 기후난민이 될 위기에 처해있어요.

모스크 : 이슬람 사원이에요. 몰디브에서 가장 오래된 모스크는 말레 섬에 있는 '후쿠루 미스키'인데 산호석으로 만들었어요. 황금빛 돔이 멋진 이곳을 사람들은 '프라이데이 모스크'라고도 불러요.

ABOUT MALDIVES

Maldives is an island country located to the south of India and Sri Lanka. Discovering this group of islands as beautiful as immaculate pearls sprinkled throughout the emerald green sea, Marco Polo referred to it as "the flower of the Indian Ocean." The word 'Maldives' means 'garland' in Sanskrit.

Instead of the English name, people of Maldives call their country 'Dhivehi Raajjeyge Jumhooriyyaa', which means the Republic of Maldives. Thousands of years ago, Indian people from north of the islands had come down here and settled to live, but as they interacted with many Islamic countries, Islam became its main religion. Consequently, Maldivians are not allowed to consume pork and alcohol. Their women are having much more restrictions. Republic of Maldives has its own language, Dhivehi, but they also teach English in public schools as an official language. Dhivehi language is likely to disappear from the world in the near future.

Ali lives on Meemu Atoll, which consists of 35 islands. Among them, Ali's home is Naalaafushi island. Although small in size, this island has its own mosque, tiny school, and pharmacy.

There are about 1,000 uninhabited islands in Maldives. The biggest inhabited island is Male. And yet, it is only 1.87km long and 1.5km wide, making it the smallest capital in the world. With 130,000 people packed onto it, Male is also the most densely populated capital.

Male is famous for its mosques and fish markets. Most common fish is tuna. Around 4 pm when fishing boats are returning the port, fishes in various sizes and colors, ranging from large tuna fishes such as skipjack and swordfish to small mackerel, are spread on the market floor. Skilled fishmongers wait the customers, ready to break down the fish.

While Male is the 'capital island', Hulhule, the closest island to Male, is an 'airport island', with Velana International Airport on it. Tourists from all over the world land on 'airport island', sight see 'capital island', and then move on to 'resort island'.

Now that 90% of its territory is the sea, Republic of Maldives is short of land for farming. Major crops such as rice and wheat are largely imported from Sri Lanka and other countries.

Every island consisting of Maldives is small and low. Total land size is 298km^2 at most and the highest point is only 2.4 meters above the sea. For almost 80% of the islands are lower than 1 meter, it is the world's lowest-lying country.

UNFCCC(United Nations Framework Convention on Climate Change) has warned that global warming and rising sea levels would cause Maldivian islands to be submerged and uninhabited by 2100. To highlight the threat of it, the former president of Maldives, Mohamed Nasheed, and the government officials held a cabinet meeting on the sea bed, six meters underwater.

About seven kilometers away from Male island, there lies Thilafushi island, which is called 'garbage island'. Since 25 years ago, trash produced by tourists are being accumulated here. There is even hazardous waste, such as used batteries and asbestos, mixed in the piles of garbage, threatening the health of Maldivian people. And the amount of garbage is increasing every year.

With its pristine beauty, Maldives is referred to as the 'Last Remaining Paradise on Earth'. Underwater world is even more beautiful. What can we do to protect their environment for the happiness of Ali and his friends?

몰디브는 어떤 곳?

몰디브는 인도와 스리랑카 아래에 있는 섬나라에요. 에메랄드빛 바다에 뽀얀 진주알을 흩뿌려놓은 것 같아 탐험가 마르코 폴로는 몰디브를 '인도양의 꽃'이라 불렀어요. '몰디브'라는 말은 산스크리트어로 '화관'을 뜻해요.

몰디브(Maldives)는 영어식 이름이고, 몰디브 사람들은 '디베히 라제이제 줌후리야(디베히어:)'라고 해요. '몰디브공화국'이란 뜻이에요. 몰디브공화국은 북쪽 인도계 사람들이 건너와 살기 시작했는데 아랍인들과 교역하면서 이슬람교가 퍼져 지금은 대부분 이슬람교를 믿어요. 그 때문에 돼지고기를 먹지 않고, 술을 사기 힘들며, 여자들의 활동에 제한이 많아요. 몰디브공화국은 원래 디베히어(Divehi,)라는 몰디브 고유의 언어이지만, 초등학교 때부터 영어를 함께 가르쳐 영어가 공용어이기도 해요. 디베히어는 사용하지 않는 언어가 될지도 몰라요.

알리가 사는 곳은 미무 아톨(Meemu Atoll)이에요. 미무 아톨에는 35개의 섬이 있고 알리는 날아푸시(Naalaafushi) 섬에 살아요. 작은 섬이지만 모스크와 자그마한 학교, 약국이 있답니다.

몰디브는 사람이 사는 곳을 뺀 1천여 곳이 무인도예요. 사람이 사는 섬 중에 가장 큰 곳이 말레 섬이죠. 가장 크다고 해도 넓은 곳이 1.7km, 좁은 곳이 1km밖에 되지 않아 전 세계에서 가장 작은 수도랍니다. 여기에 13만 명이나 모여 사니 세계 최고 수준의 인구밀도를 보이죠.

말레 섬은 모스크와 수산시장이 유명한데 가장 흔한 물고기는 참치예요. 어선이 항구로 돌아오는 오후 4시경엔 무게 50kg에 길이 1m가 넘는 가다랑어, 황새치 등 대형 참치류부터 작은 삼치까지 다양한 크기와 색깔의 생선이 시장바닥에 펼쳐지죠. 생선을 먹기 좋게 손질해 주는 생선 해체 전문가들이 기다리고 있구요.

말레 섬이 '수도 섬'이라면 그 옆에 있는 훌룰레 섬은 비행기가 뜨고 내리는 벨레나 국제공항이 있어 '공항 섬'이에요. 전 세계 여행객들이 '공항 섬'으로 들어와 '수도 섬'을 구경하고 '리조트 섬'으로 가죠.

온 사방이 바다인 몰디브공화국은 국토의 90%가 바다이기에 농사지을 땅이 없어요. 쌀이나 밀가루 같은 곡물은 스리랑카 등에서 수입해야 해요.

몰디브의 섬들은 모두 조그마하고 그 높이가 낮아요. 모든 섬의 면적을 더하면 제주도의 6분의 1 정도이며, 제일 높은 섬의 높이가 2.4m밖에 안 돼요. 80% 이상의 섬이 1m 이하이기에 지구상에서 해수면과 가장 가까운 나라예요. 유엔 기후변화위원회는 지구 온난화와 해수면 상승으로 2100년에는 몰디브 섬이 잠겨 사람이 살 수 없을 것이라 경고했어요. 전 세계에 이러한 사실을 알리고자 몰디브의 모하메드 나시드 전 대통령은 각료들과 수중 6m 깊이의 바다 속에서 각료회의를 했답니다.

말레 섬에서 7km 거리 떨어진 곳에 틸라푸쉬(Thilafushi)라는 '쓰레기 섬'이 있어요. 25년 전부터 관광객이 남기고 간 쓰레기가 틸라푸쉬 섬을 가득 메우고 있어요. 일반 쓰레기뿐만 아니라 폐건전지, 석면 등이 섞여 몰디브 주민의 건강을 위협한대요. 게다가 그 양이 매년 늘고 있대요.

몰디브는 '지구상에 남은 마지막 천국'이라고 할 만큼 자연이 아름다워요. 바다 속은 더 아름답고요. 몰디브의 자연과 알리 그리고 알리의 친구들이 행복하게 살도록 하려면 우리는 무엇을 어떻게 해야 할까요?

몰디브는 어디에?

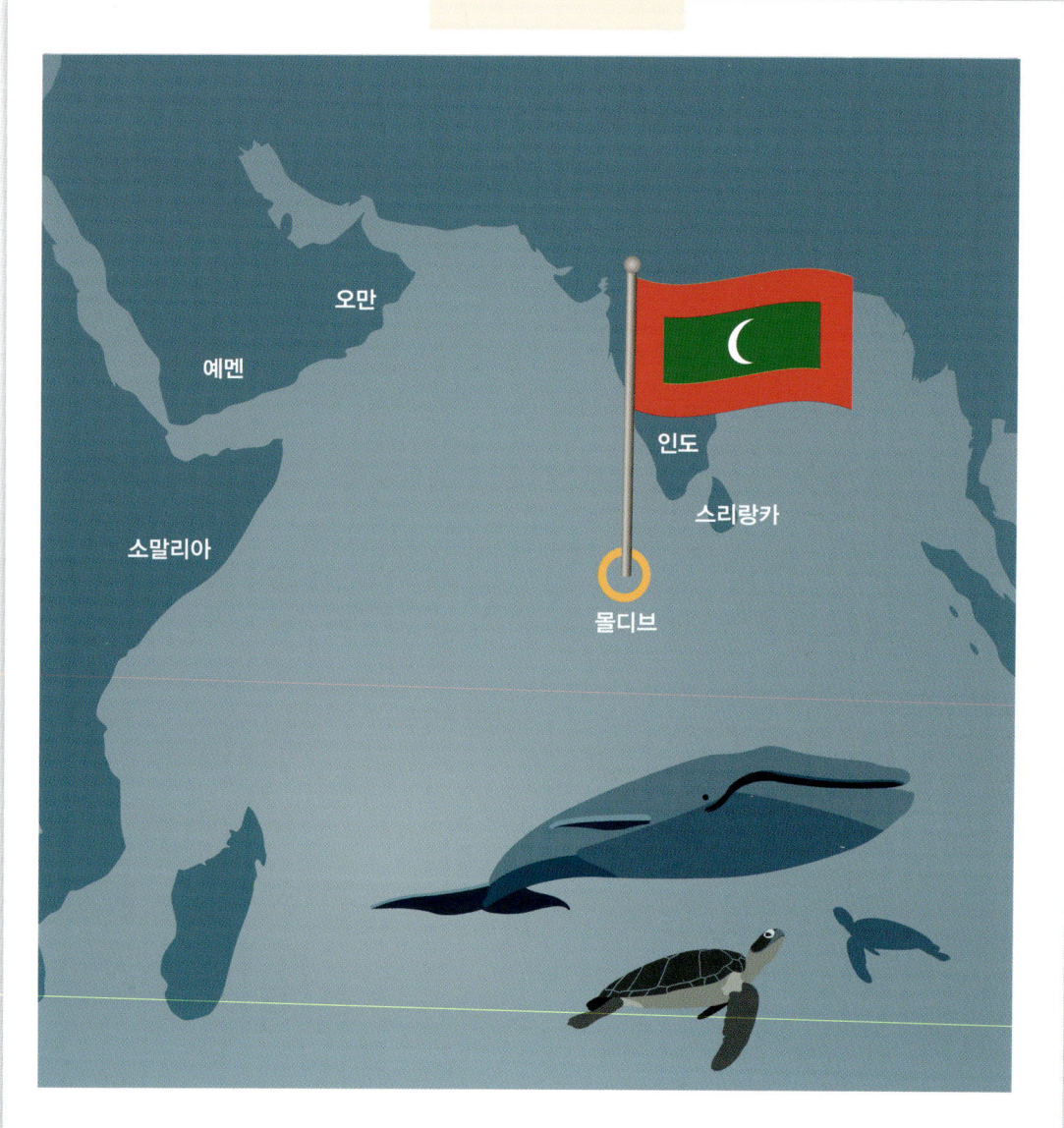

— 몰디브는 인도와 스리랑카 아래에 있어요.

<어린이여행인문학>

사람은 서로 달라요, 너무나 당연한 사실인데도 이 당연한 사실을 받아들이는 건 쉽지 않지요.
어릴 때부터 '사람은 서로 다르다'라고 하는 사실을 인지하는 것은
다른 사람과 소통하기 위해 중요한 과정이랍니다.

<어린이여행인문학> 시리즈는 아이들에게 우리 주변의 삶과
전혀 다른 세상을 이어주는 가교의 역할을 하고자 합니다.

각 권 15,000원

① 아프가니스탄에서 태양을 보다   데디 킹 지음 | 주디스 잉글레세 그림
② 미얀마(버마)에서 태양을 보다   데디 킹 지음 | 주디스 잉글레세 그림
③ 네팔에서 태양을 보다   데디 킹 지음 | 주디스 잉글레세 그림
④ 터키에서 태양을 보다   데디 킹 지음 | 주디스 잉글레세 그림
⑤ 중국에서 태양을 보다   데디 킹 지음 | 주디스 잉글레세 그림
⑥ 러시아에서 태양을 보다   데디 킹 지음 | 주디스 잉글레세 그림
⑦ 멕시코에서 태양을 보다   데디 킹 지음 | 주디스 잉글레세 그림
⑧ 평양에서 태양을 보다   윤문영 지음 · 그림 | 정창현 감수
⑨ 교토에서 태양을 보다   윤문영 지음 · 그림 | 이토 소노에 일문
⑩ 미국에서 태양을 보다   데디 킹 지음 | 주디스 잉글레세 그림
⑪ 인도에서 태양을 보다   데디 킹 지음 | 주디스 잉글레세 그림

⑫ 베트남에서 태양을 보다　　　　　윤문영 지음·그림 | 레티뒈한 베트남어 옮김

⑬ 톤레사프호에서 태양을 보다　　　박현숙 지음 | 이주미 그림 | 공완넛 크메르어 옮김

⑭ 라플란드에서 태양을 보다　　　　김해우 지음 | 이은미 그림 | 마리아 칸톨라 핀란드어 옮김

⑮ 아바나에서 태양을 보다　　　　　이규희 지음 | 염지애 그림 | 리엔 에스피노사 벨트란 스페인어 옮김

⑯ 코요아칸에서 태양을 보다　　　　박정훈·김선아 지음 | 이미란 그림 | 박정훈 스페인어 옮김

⑰ 몽골에서 태양을 보다　　　　　　윤문영 지음·그림 | 냠다바 인드라닐 몽골어 옮김

⑱ 발리에서 태양을 보다　　　　　　이동미 지음 | 이미란 그림 | 락스미 인도네시아어 옮김

⑲ 부탄에서 태양을 보다　　　　　　백승자 지음 | 일공 그림 | 윌리엄 리 종카어 옮김·감수

⑳ 코르출라섬에서 태양을 보다　　　류호선 지음 | 이주미 그림 |
　　　　　　　　　　　　　　　　　아이다 주조 크로아티아어 옮김 | 네라 유드리즈 감수

㉑ 인도네시아에서 태양을 보다　　　윤문영 지음·그림 | 락스미 인도네시아어 옮김

㉒ 아마존강에서 태양을 보다　　　　류호선 지음 | 염지애 그림 | 성효정 포르투갈어 옮김

㉓ 제주도에서 태양을 보다　　　　　박정경 지음 | 이은미 그림 | 김다훈 영어 옮김

㉔ 싱가포르에서 태양을 보다　　　　이소정 지음 | 염지애 그림 | 김유나 영어 옮김

㉕ 샤먼에서 태양을 보다　　　　　　이형준 지음 | 염지애 그림 | 손예신 중국어 옮김

㉖ 리장에서 태양을 보다　　　　　　양인환 지음 | 이주미 그림 | 허칸평·허룬위안 둥바문자 옮김

㉗ 홍콩에서 태양을 보다　　　　　　강수진 지음 | 염지애 그림 | 민지현 영문 옮김

㉘ 몰디브에서 태양을 보다　　　　　이동미 지음 | 이주미 그림 | 최지원 영문 옮김

《어린이여행인문학》시리즈는 앞으로도
전 세계 구석구석을 여러분과 함께 다닐 것입니다.